"La creación de inteligencia artificial, augura el fin de la raza humana"

Stephen Hawking

¿Qué hay después de la tierra?

¿Existe la vida en marte?

¿Cómo se creó el universo?

¿Qué hay en el Área 51?

¿Qué son agujeros negros?

¿Qué es gravedad verdaderamente?

Como yo, estas y otras preguntas más abundan nuestra cabeza.

Pero… alguna vez se ha preguntado, ¿estamos solos en el universo?

Puede que suene bastante loco, pero ¿usted cree en la vida extraterrestre?

Si su respuesta es no acá en este libro encontrara varias razones por las cuales podría cambiar su respuesta, y al mismo tiempo le voy a ir respondiendo varias de las preguntas que abundan la cabeza de las personas curiosas, basándome en testimonios y avistamientos de expertos científicos, astrofísicos y demás.

Encontrara cosas con las que tengan sentido, pero poco a poco vamos a ir respondiendo y resolviendo estos enigmas.

Recuerde que en este libro no solo vamos a hablar sobre la vida extraterrestre, si no también tomaremos en cuenta otras preguntas sobre la tierra y el universo.

Póngase cómodo(a), por que esto va a comenzar.

Capítulo 1:

Misterio en el Área 51.

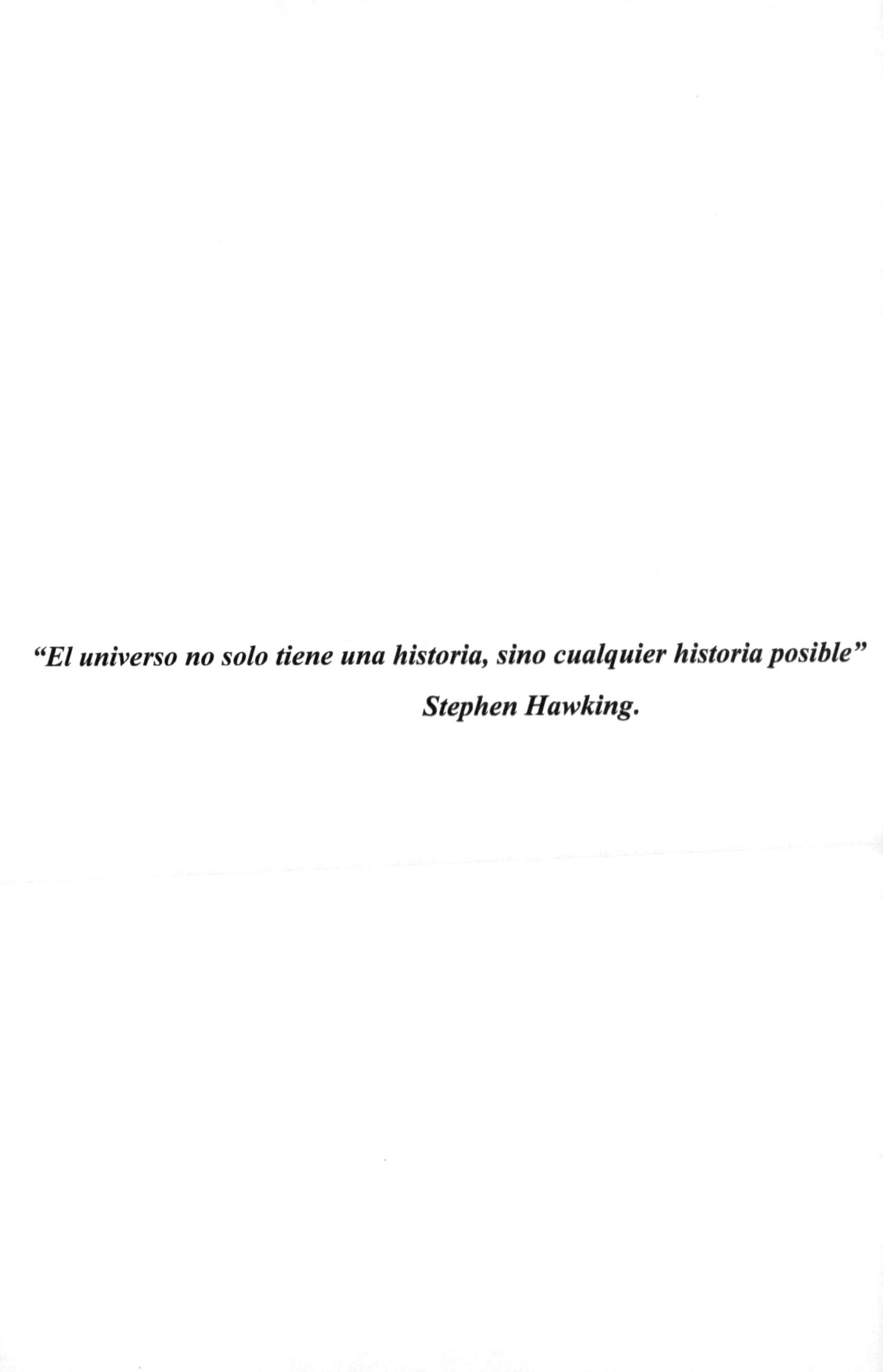

"El universo no solo tiene una historia, sino cualquier historia posible"

Stephen Hawking.

Empecemos con una pregunta que todos y cada uno de nosotros nos hemos hecho alguna vez.

¿Qué es el Área 51 y que oculta?

El Área 51, es una extensión territorial en Nevada, Estados Unidos, propiedad del gobierno norteamericano.

Es muy popular por el hecho de que allí durante años, se vienen desarrollando experimentos de prueba con tecnologías secretas y nuevas aeronaves militares.

Se conoce comúnmente como Área 51, aunque su nombre es "Atomic Energy Commission (AEC) designation: Área 51" (Comisión de Energía Atómica designada Área 51). El escenario perfecto para la controversia y las teorías conspirativas.

El gobierno de Estados Unidos jamás admitió semejante idea sobre el Área 51 aunque del mismo modo tampoco lo negó.

Por otro lado el lugar posee unas medidas de seguridad de características únicas, que llaman la atención de millones de personas en el mundo entero , ya que es fuerte mente controlado por un completo armamento de guerra, helicópteros de última generación y artillería autopropulsada.

El campo de pruebas del Área 51 supera los 12,000 Km2, y se cree que en ella trabajan unas 1.500 personas.

Nadie tiene evidencia de que los extraterrestres hayan venido a visitarnos, pero los científicos que estudian los fenómenos ovni no tienen un interés particular en buscarlos en el Área 51.

"La comprensible necesidad de proteger información militar clasificada le da a los teóricos de la conspiración la munición que necesitan para afirmar que ahí esconden extraterrestres", le dice a BBC Mundo el astrobiólogo Douglas Vakoch, presidente de Mensajes a Inteligencia Extraterrestre, una organización científica que trata de contactar señales de vida por fuera de la Tierra.
Según Vakoch, el secretismo de la base "les da una buena excusa para no ser capaces de proveer evidencia".

Pero entonces que es lo que realmente oculta el Área 51

El día de hoy, aun no sabemos que es lo que realmente oculta el Área, aun así, ha habido personas que han asegurado haber trabajado en el área 51 y que han revelado información sobre este lugar, hacen parecer que fuera una casa de terror, pero…
Nadie sabe que es lo que real mente oculta el lugar.

Tal es el caso de un hombre anónimo que se comunico con el programa de radio llamado "de costa acosta" para comunicar a la población sobre los seres extraterrestres, el asegura haber trabajado en el Área 51, y es que la llamada dura apenas 1 minuto, pero en solo esa llamada se puede escuchar al hombre algo nervioso y con vos quebrada.
En la llamada el advierte a la población que los extraterrestres no son lo que nos han hecho creer que son y que van a haber desastres y el gobierno no lo quiere comunicar a la población para disminuir esta.
Pero… ¿con que motivos?

-Puntos a tomar en cuenta.

+ anónimo

*Art bell (conductor de la radio)

Capítulo 2:
Secretos en una llamada.

Pero si esto es así, y que los Aliens no son lo que nos hacen creer, acá se responde una de nuestras preguntas.
¿Por qué el gobierno clausuro el proyecto Libro Azul?
Siendo un proyecto de alto interés en el publico y con el que se podía resolver todas nuestras dudas.

El gobierno encontró una respuesta a esto, pero descubrieron que no eran lo que imaginaban y como lo dijo el anónimo de la llamada, saben que va a haber una catástrofe y no lo comunican a la población para disminuirla.

Acá simplemente se abre otra pregunta de alto interés.

¿Qué le preocupa al gobierno?
¿le preocupa la catástrofe o le preocupa que la población se de cuenta y no salga como lo esperaban?

Pero de esto hablaremos mas adelante junto con el tema del proyecto Libro Azul.

Capítulo 3:

El incidente de Roswell.

"El peor enemigo del conocimiento no es la ignorancia, es la ilusión del conocimiento"

Stephen Hawking.

El incidente de Roswell ocurrió el 2 de julio de 1947, en las cercanías de la propia ciudad de Roswell, Nuevo México.
Según varios testigos han afirmado durante años, que esa noche se pudo observar un enorme objeto plateado en forma de disco volando en los cielos con dirección Noroeste a una velocidad nunca antes vista.
Al día siguiente en la mañana, el granjero y capataz de un rancho de la zona llamado Mac Brazel recorrió la zona en su caballo como de costumbre para llevar a sus ovejas a pastar desde un campo a otro acompañado por su vecino Timothy D. Proctor.
Mientras cabalgaban se encontraron con los extraños restos de un material metálico nunca antes visto. Los trozos se podían ver en distintos tamaños, de hecho, Mac Brazel recordaba que la noche anterior había escuchado una serie de explosiones a lo lejos.
El material era increíblemente ligero y flexible, pero al mismo tiempo tenía una resistencia ejemplar.
En 1970, dos hombres que sin tener contacto uno con el otro, también habían sido testigos de lo que había ocurrido aquella noche de 1947, se contactaron con el investigador Stanton T. friendman, quien también comenzó a estudiar lo sucedido. Uno de los sujetos, empleado en la estación, empezó a amordazar al periodista cerca de 1950, así como la eliminación completa de toda la publicación relacionada con el suceso del incidente de Roswell.
Una nueva teoría se planteó con el paso del tiempo, los cuerpos de los "extraterrestres" yacían agonizantes en el desierto y los científicos del Área 51 los habían tomado para investigarlos.
en los primeros días de la Guerra Fría que confirmaron en 1994 las Fuerzas Aéreas de Estados Unidos con documentos desclasificados. Los torpes intentos por parte de esas mismas Fuerzas Aéreas estadounidenses para desviar la atención de esa apasionante historia de espionaje en 1947 y, sobre todo, el afán

de notoriedad de un mentiroso compulsivo que engañó a todos aquellos que, desde entonces, quisieron creer en hombrecillos verdes con documentos falsos (sí, está demostrado), contribuyeron a crear el mito.

Los restos de los supuestos 'platillos volantes' eran los restos del reflector de un radar aerostático que sí, que el Gobierno estadounidense estaba muy interesado en ocultar, pero por otros motivos: **formaba parte de un proyecto gubernamental, denominado proyecto Mogul,** para espiar a Rusia (en su escalada nuclear). Se trataba de radares montados en pequeños globos aerostáticos que pudieran volar bajo para que no fueran detectados por los radares del 'enemigo'. Aunque la Guerra Fría no empezó 'oficialmente' hasta 1953, el miedo por el desarrollo de una fuerza nuclear por parte de Rusia le quitaba el sueño a Estados Unidos (y viceversa), así que se pueden considerar estos globos aerostáticos como el inicio del espionaje de la Guerra Fría. Y, sí, fueron un pelín torpes a la hora de ocultarlo. Si no se hubiera emitido una nota de prensa para explicar que se habían recuperado los restos de un OVNI en Roswell -antes de la fiebre por los OVNIs, que comenzó mucho después- el mismo día de autos, lo mismo no estábamos escribiendo esto hoy.

Los escombros encontrados en Roswell eran, concretamente, los del globo aerostático denominado como Vuelo Mogul# 4 del secreto-secretísimo proyecto Mogul lanzado no precisamente al espacio (sino al cielo de Roswell, Nuevo México) un mes antes, el 4 de junio de 1947. El proyecto Mogul tenía la calificación dentro del código de Seguridad Nacional de Top Secreto A-1, para que te hagas una idea, el mismo que tenía el proyecto Manhattan original. Los globos habían sido diseñados por un equipo de investigadores de la Universidad de Nueva York, coordinados por el geofísico Charles Bachman Moore. Las ganas de creer en Ovnis y torpeza primero y la necesidad después del Gobierno de Estados Unidos por contribuir a la confusión para ocultar sus planes de espionaje, hicieron el resto. A lo largo de los años, la historia sobre qué ocurrió ha ido evolucionando, sobre todo para ir encajando cada vez más con las teorías conspiranoicas y conspiranoides de la recuperación de naves alienígenas y de los cuerpos de extraterrestres. Y lo más curioso y lo que debería haber hecho sospechar a los que no sospechan es cuántas veces ha cambiado el testimonio de los testigos y presuntos testigos a lo largo de siete décadas. La historia tiene tantos documentos y tantos recovecos que resulta, la verdad, bastante complicado resumirla, pero como ya sabes que nos gustan los retos, vamos a tratar de simplificarlo todo lo posible.

Para entender por qué la pelota se hizo tan grande, debes tener en cuenta que el supuesto encubrimiento de los hechos del Gobierno estadounidense ha permitido que cada vez que se ha demostrado con pruebas que lo que ocurrió nada tenía que ver con el accidente de una nave alienígena, rápidamente se ha dicho que eran pruebas falsas creadas por el Gobierno para encubrir lo que 'realmente' había ocurrido. Vamos, que cualquier dato real se ha interpretado como falso y, por tanto, ha demostrado, para los creyentes, que la historia de los restos alienígenas es una hipótesis no falsificable. Cualquier evidencia o testimonio que demuestre que los acontecimientos no ocurrieron tal y como creen los ufólogos menos críticos con el accidente original se atribuye de inmediato al encubrimiento. Nada puede probar que la historia es falsa. El dispositivo de encubrimiento se ocupa de todas las pruebas desfavorables. Y así hemos llegado a 2019.

También deberías saber que hasta que en 1978 el ufólogo **Stanton T. Friedman** no empezó a escribir sobre el caso el interés por Roswell era cercano a cero. Durante treinta años el caso no le interesó a nadie. Y qué curioso que el interés empezará justo cuando empezaba el auge de la literatura y el ¿periodismo? esotérico pseudo-científico. Charles Moore contactó en 1978 con Friedman para hablar largo y tendido sobre el proyecto Mogul, pero Friedman rechazó sus explicaciones porque... ¿lo adivinas?... era un encubrimiento diseñado por el Gobierno de Estados Unidos. Pero vamos con la tesis de Mentiroso Compulsivo + Guerra Fría + Espionaje.

Estos son los únicos datos oficiales sobre lo que ocurrió: El 7 de julio de 1947 William Mac Brazel un ranchero de Roswell le comunicó al sheriff del condado George Wilcox que había encontrado los restos de un platillo volante. Wilcox se puso en contacto con las autoridades militares del Roswell Army Air Field (AAF) para comunicárselo. Las Fuerzas Aéreas asignaron al caso al Mayor Jesse Marcel. Marcel, junto con dos agentes de los cuerpos de contra-inteligencia estadounidenses, Sheridan Cavitt y Lewis Rickett, se desplazaron hasta el rancho de Mac Brazel. Recogieron los restos y se los llevaron. El 8 de julio de 1947 la oficina de prensa del Roswell Army Air Field anunció oficialmente que se habían recuperado los restos de un disco volador.

El 9 de julio de 1947 la brigada general Roger Ramey, de la Carswell Air Force Base, que había solicitado a Marcel el día anterior que le enviara los restos encontrados, dio una rueda de prensa en la que anunció que los restos eran los de un globo meteorológico y nada más que un globo aerostático. Y con esto se zanjó el asunto en 1947.

En 1994 el US Air Force desclasificó los documentos sobre Roswell explicando el trabajo de la Universidad de Nueva York y Charles Bachman Moore, facilitando asimismo imágenes sobre los globos y las máquinas que habían diseñado para lanzarlos. Y con esto debería haberse zanjado, otra vez, el asunto. Pero, claro, como el Gobierno estaba encubriendo lo que había ocurrido...

Los presuntos testigos oculares no empezaron a proliferar hasta 1978, si echas cuentas: 31 años después del incidente. Intenta recordar ahora con precisión algo que ocurrió hace treinta años. Pues eso. Ha habido una larga lista de testigos, de primera mano, de segunda mano, de tercera mano. Que realmente estuvieran en la base militar o que hubieran visto los restos del globo aerostático, se cuentan con los dedos de una mano. Pero entre todos ellos destaca uno: el que ha dicho lo que los que apoyaban las teorías de la conspiración y el accidente alienígena querían oír. El mentiroso del que hablábamos al principio es **Frank J. Kaufmann**. La mayoría, si no todas, las 'pruebas' relacionadas con la recuperación de los restos de los platillos volantes y de los cuerpos extraños provienen de una única fuente: Kaufmann, un tipo que trabajaba en la oficina del personal civil de la Base Aérea del Gobierno de Estados Unidos en Roswell en el momento en el que se produjo el incidente (y que luego formó parte de la respetada vida pública de Roswell desde un modesto cargo en la Cámara de Comercio de la ciudad). Kaufmann aseguraba que, en realidad, trabajaba en inteligencia, pero todos los documentos, así como todos los testimonios, apuntan que era personal no cualificado en las oficinas civiles de la base aérea de Roswell. Sin embargo, su testimonio ha proporcionado la gran mayoría de los libros sobre el incidente de Roswell hasta su muerte en 2001.

En 2002, tres investigadores (cabales) de OVNIs, Benson Saler, Charles A. Ziegler, and Charles B. Moore, visitaron a la viuda de Kaufmann, quien les permitió acceder a su oficina y sus documentos. Allí los tres encontraron, finalmente, alguna evidencia real. Desafortunadamente, esa evidencia, en forma de documentos, los llevó a la conclusión de que Kaufmann había falsificado documentos e inventado historias a lo largo y ancho de dos décadas.

Y cualquier otra cosa es pura invención.

Capítulo 4:
¿Quién es Robert Lazar?

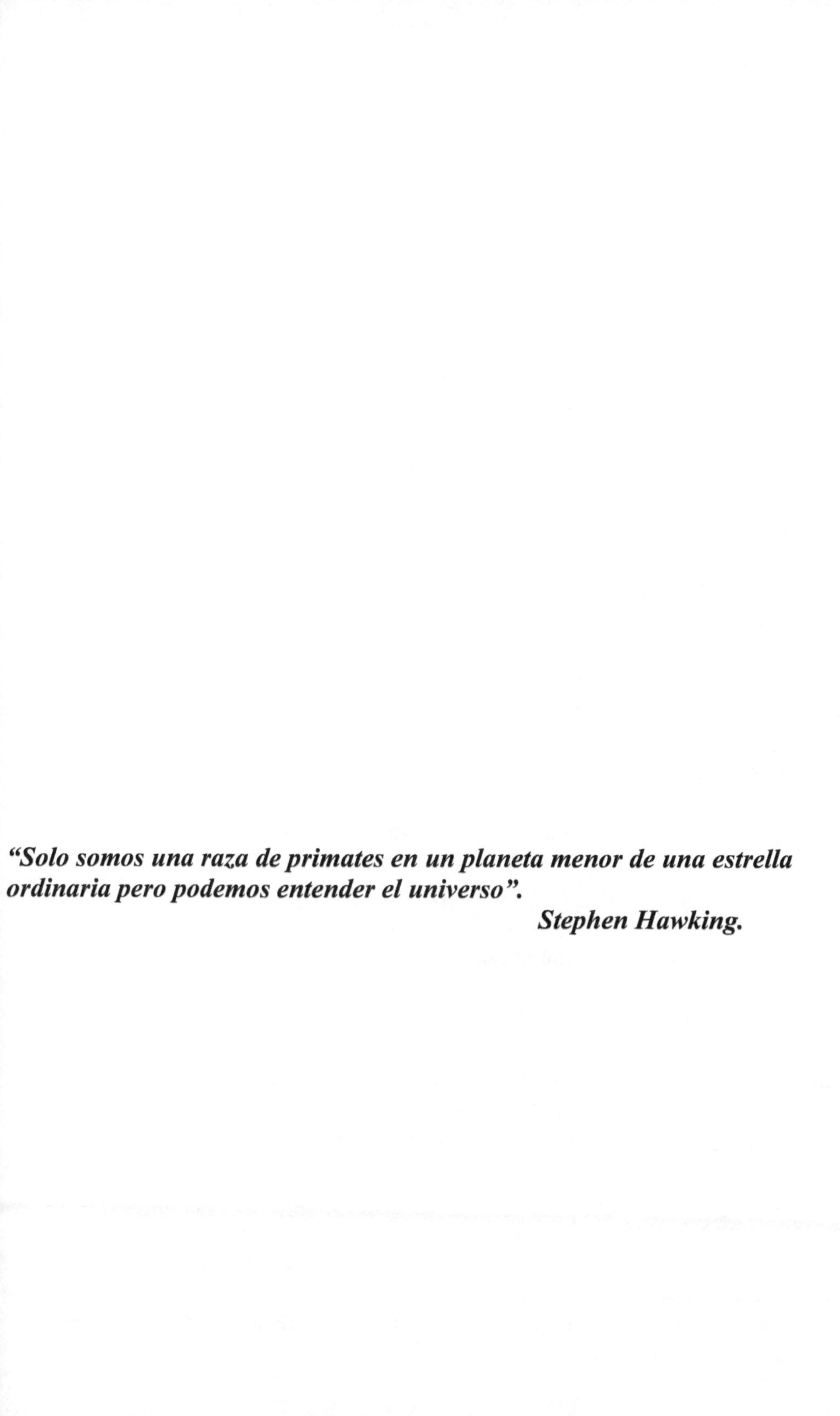

"Solo somos una raza de primates en un planeta menor de una estrella ordinaria pero podemos entender el universo".

Stephen Hawking.

Me puse a investigar mas a fondo sobre este tema, y encontré un documental sobre un hombre que aseguraba haber trabajado en el Área 51, en una zona llamada S-4 (ese cuatro) a unos kilómetros del lago Groom, Nevada.
Según el en S-4 hay platillos voladores, reactores de altimetría y otros ejemplos de una tecnología que sobrepasa las capacidades humanas.

¿Quiénes son estos visitantes?
¿Por qué vienen?
¿Cuál es su naturaleza?
¿Qué interés tienen en nosotros?
¿De dónde vienen?

Estas son preguntas que las personas se hacen sobre los Ovnis desde el principio, pero Bob se acercó un montón, Bob pudo ver documentos que daban esas respuestas. Lo que pasa es que cuando cubríamos su historia, gran parte se iba en probar que él era lo que decía ser.
Afirmo un amigo de Bob Lazar, y continúo diciendo:

¿Esto es una simulación de computadora?
¿Somos producto de un videojuego alienígena?
¿Somos una película multidimensional?
¿Una producción de autocine o algo así?
(con esto refiriéndose a que si nos están manipulando)

Grandes preguntas, respuestas perturbadoras y Bob nunca se sintió cómodo al hablar sobre ese tema. ¡Nunca! Exclamó.
Es una visión muy perturbadora de la realidad, dijo.

La primera entrevista hecha a Robert Lazar en mayo de 1989, no se revelo su identidad ya que dijo que el revelar información del Área 51le podía traer consecuencias graves, ya que comento que en ocasiones le amenazaban de muerte y de que matarían a su esposa, etc.
En otra entrevista revelo parte de lo que hacia en S-4 del área 51 y varias cosas perturbadoras sobre su trabajo.

Hay otra entrevista en la que describió mas a detalle su trabajo y respondió algunas preguntas.

Datos a recordar

- Bob lazar.

+ periodista.

- Mi nombre es Bob Lazar, soy conocido por haber trabajado en una base clasificada conocida como S-4, en el desierto de Nevada, cerca del área 51.
Allí revertíamos la ingeniería de naves alienígenas, y eso me cambio mucho la vida, probablemente en cada aspecto.

+ De forma positiva o negativa?

- Bueno… en su mayoría negativa, digo, es muy difícil encontrarle aspectos positivos.

+ ¿Qué mensaje le darías a una persona joven?

- Que preste atención, no puedo decir mucho más.
Ahora el mundo es diferente, la forma en que se difunde la información y se manejan las cosas, se distorsiona aún más rápido que antes.

+ ¿Qué quisieras que sepan?

- A fines de la década de los 80`s el gobierno de los Estados Unidos, recupero varias naves alienígenas y su tecnología en el desierto de Nevada, para examinarlas, pero no se dijo nada.

+ ¿Tenían algún apodo para los "ellos"?

- Los niños… les llamaban los niños.

- Me dijeron que los gritos rítmicos y las amenazas contantes son un tipo de hipnosis.

+ ¿Cuándo sucedió esto?

- Fue casi de inmediato.

+ ¿Comenzaron a gritarte? + ¿hola Art?

*¿si?

+ no cuento con mucho tiempo

+ ….

*bien mira, averigüemos primero si usted está usando esta línea apropiadamente o no?

+ Área 51

*ahora, ¿usted donde esta, hay un empleado o esta solo?

+ ….

+ soy un ex-empleado.

+me permitieron ir a una revisión médica hace una semana.

+ Ellos van a triangular mi posición muy pronto

*así que no podrá seguir aquí por un largo tiempo?

*dinos algo rápido

+ok…

+…..

+ ok… lo que creíamos que son aliens

+…. Son seres extra dimensionales, no son lo que dicen ser, se han infiltrado en aspectos del territorio militar. Particular mente en el área 51.

+van a haber desastres próximamente, el gobierno sabe acerca de ellos.

+hay muchas zonas seguras en el mundo en las que podrían mover a la población ahora Art.

*pero no lo están haciendo?

+ No lo están haciendo!!

+ Quieren que los lugares de mayor población sean eliminados…

+ ….

+….

+ comencé a recibir,

(A partir de ese momento la transmisión se perdió, se cree que el gobierno estaba monitoreando la llamada y la colgó para evitar que el Ex-empleado difundiera más la información del área 51, luego de esta llamada no se volvió a saber mas de aquel hombre)

- Si.

+ Oh… Un lindo lugar de trabajo.

- Bueno no… Como dije era un lugar terrible para trabajar.
Pero cuando pones en la balanza lo que vas a poder ver, básicamente
aceptas lo que sea.
"Adelante, grítame, cuando volvemos a las naves"

+ Hiciste hipnosis para volver a recordar detalles de tu empleo y de la
física?

- Así es.

+ ¿Qué aprendiste? Es correcto.

- Si correcto, con Lane Keok.

+ ¿Bien, y recordaste algo?

- Si, bueno, cosas que uno quizás no ve.
Básicamente quería probar todo método posible, para demostrar lo que
decía. Fue solo otra herramienta más.

Lane keck: hipnoterapeuta.

Cada vez se acepta mas la hipnosis, pero hay muchas ideas erróneas al respecto.
Como que creen que entras en trance, el hipnotizador hace algo con lo que no recuerdas y de repente, te cambia la vida.
Y ese no es el caso.
No hay ningún tipo de control mental.

Hipnosis de Lazar. Sesión #003

-respira profundo.
-cierra los ojos y piensa en relajarte.
-ahora piensa en tu cabeza y relájala.
-lo que quiero que hagas, es que te pongas lo más cómodo posible.
- relájate por completo.
-ahora duplica tu relajación y piensa en el número 100.
-uno, cero, cero.
-duplica tu relajación y el 99 seguirá.
-Bob.
-a partir de este momento, podrás recordar el material que estás buscando.
-y nada ni nadie, presente o fututo, se interpondrá en tu camino.
-Bob, Bob, Bob.
- lo recordaras por que deseas recordar.

   "en un momento creo que dibujo un reactor, intentaba recordar lo que había en los libros, el vio el libro y luego le dije:"

-abrirás los ojos y podrás dibujar.

Capítulo 5:
El proyecto Abigail.

"Si los extraterrestres nos visitaran, ocurriría lo mismo que cuando Cristóbal Colón desembarcó en América y nada salió bien para los nativos americanos"

Stephen Hawking.

Abigail Levésque, Abigail era hija de 1 de los más respetados científicos del área 51, El comandante Albert levesque. Durante la Segunda Guerra mundial, Estados Unidos se consolidó como una de las máximas potencias del mundo y debido al poderío armamentístico qué tenía Alemania, Estados Unidos tuvo que Experimentar para desarrollar nuevas tecnologías, y así asegurar su éxito militar.

Debido a los experimentos realizados por Alemania, Estados Unidos no se podía quedar atrás, Por lo que querían crear súper humanos tal y como vimos en la película "el capitán América", dichos experimentos buscaban desarrollar un supersoldado inmune a las balas y con una Fuerza descomunal, que fueran más rápidos y con mutaciones genéticas avanzadas.
Comenzaron a realizar experimentos y Crear el gen que podía convertir a un soldado común en un súper soldado, Este proyecto se encargaría el comandante Albert levésque, Pero lamentablemente su hija Abigail estaría involucrada cuando su padre comenzó a contar todo lo que estaba pasando en el área 51, Cosa que no debió hacer ya que en este lugar todo es altamente secreto y confidencial, Como castigo, El Gobierno americano decidió utilizar a su hija Abigail para este experimento creían que tener a su hija como experimento haría que el comandante hiciera todo por que resultará bien.
Comenzaron a someter el cuerpo de la joven a diversos procedimientos que inducían exponerla grandes cantidades de radiación y algunas otras cosas, Luego fue encerrada en una celda donde la tenían en observación para ver los resultados del experimento, pero Abigail con el paso de los días comenzó a transformarse en algo horrible.

Dejó de parecer humano, Parecía gruñir en vez de hablar con palabras y se retorcía en el suelo, Los gritos alertaron a su padre quien no pudo creer lo que veía.

Abigail estaba experimentando un tipo de metamorfosis.

Su cara parecía estar haciéndose ancha y sus huesos junto con los dientes estaban creciendo de una manera desorbitante, En tonos blanco de su piel perdió color y estaba llena de arrugas, Le crecieron pelos por todo el cuerpo y parecía haber perdido todo lo que la convertía en humana, Creció tanto que llegó a medir 3 metros.

Tu padre dolorido por mirar así a su hija, En toda la jaula e intento hablar con ella, pero esta parecía no conocerlo, lo asesinó Y escapó de la jaula, En el incidente murieron 5 soldados que intentaron dispararle perolas balas al parecer no le hacían daño, Aunque esta situación el Gobierno decidió sellar con materiales impenetrables la zona donde se encontraba Abigail y decidieron acabar con todo lo referente a este proyecto sí.

Hay quienes continúan creyendo que estos experimentos siguen realizándose en este lugar y que ahora hay más hermetismo que nunca tratando así de contener los mismos monstruos ellos crean y buscan la forma de crear "Súper humanos".

Al final sí lograron crear súper humanos sólo que de una manera inesperada, Convirtiendo al humano en un monstruo.

Hay otras historias con la misma versión pero cambia su final, Diciendo que ella no lo mató, si no Que el establecimiento decidió seguir con el experimento porque creían que al final Abigail volvería a la normalidad pero su padre al ver que no habían resultados me suicido dejando una nota que decía: "no la maten, tenganle piedad, esto no es su culpa, si no mía".

Y así decidieron cumplir su petición sí y decidieron no matarla ellos sino dejar de darle de comer y ella escapó la primera noche que le negaron la comida.

Varios murieron y como no podían asesinarla por qué no le hacía daño la encerraron en esa área del completo y permanece encerrada hasta ahora.

Ustedes deben de estarse preguntando a qué quiero llegar con esto si estamos hablando de extraterrestres, Bueno les explico, Mi teoría según lo que he investigado sobre dónde salieron O su creación es, que son Humanos sobrevivientes de una guerra en la cual se lanzó una bomba nuclear y ellos sobrevivieron pero sus cuerpos se deformaron esto según una supuesta entrevista hecha a un "extraterrestre", en el Área 51 y usted podrá preguntarse el por qué yo creo en esto si no hay pruebas de esto sea real.

Bueno, yo no puedo decir que esto sea real o no, pero está entrevista se hizo el 9 de junio 1964 al día de hoy ya hay más de 50 años.

En esa entrevista el supuesto ser de otro planeta dice cosas que pasarán en el futuro como por ejemplo dice que un ser humano gobernará brevemente el país, es decir EEUU, el cual se hará responsable de la destrucción casi total de la humanidad, en estos días estamos escuchando hablar del mal liderazgo del presidente Donald Trump, tal vez a esto se refería o no sabemos si hay algún otro presidente que lidere de una manera peor que de la que está liderando el presidente Donald Trump.
Por cada día que pasa ¿Nos estamos acercando a la destrucción del planeta?
Y si por este motivo no viven en lo que hoy llamamos tierra, ya que en un planeta totalmente contaminado es imposible poder viví y si por esto están habitando en otro planeta, o otra galaxia, o donde sea que estén habitando.
¿Acaso no le haya conspirativo?

Capítulo 6:
Más que una entrevista.

Desde que la Humanidad puso su mirada en los cielos, la misma vieja pregunta prevalece: ¿Estamos solos en el universo?

A medida que se perfeccionan los medios para explorar está vasta extensión, la respuesta a nuestra pregunta claramente va tomando forma. Se estima que, por cada grano de arena en la tierra, hay otro planeta similar, capaz de sustentar vida.
Así que… ¿De verdad podemos estar solos?

Recordar que está entrevista fue hecha en el Área 51 por parte de un proyecto llamado: "el proyecto libro azul"

Antes de empezar recalcar algunos signos para identificar.

+= extraterrestre
-= realizador de la entrevista
~= paréntesis

-= puede hablar por un corto tiempo "señor"
-= me tienes miedo?
-= por que deberías de tenerlo?
-= muy bien, mira, dijiste que eras del futuro y descendiente evolucionado de los humanos, sin embargo dices que son de diferentes especies, entonces, ¿A cual especie perteneces?

+= somos descendientes evolucionados del hombre, pero no podemos reproducirnos con tu especie. Por lo tanto somos una especie nueva.

-= Entonces, ¿cómo hablas inglés?
-= responderme.
-= si no respondes te administrarse otra ronda de Scopolamine.

~= (droga que causa parálisis)
-= y tendrás (inentendible) colapsos… ¿Comprendes?
-= ¿Cómo hablas inglés?

+= aprender tu lenguaje es esencial para entender su especie.

-= así que solo elegiste inglés por que eres demasiado inteligente?

+= relativamente, si.

-= dijiste que sabías el origen del universo, pero no proporcionan una explicación.
-= te preguntaré de nuevo.
-= ¿Cómo fue el universo creado?

+= no estás capacitado para comprender o aceptar las verdades del universo.

-= contesta la pregunta.

+= el universo no fue creado.

-= pero ¿no puedes crear algo de la nada?

+= eso es correcto

-= Entonces ahí está, sólo un creador puede crear algo de la nada.

+= eso es incorrecto.

-= te contradicen tu mismo.

+= nada por definición no existe.

-= así que….

+= ya que nada no puede existir, lo que queda es la existencia, la existencia es infinita, no tiene principio ni final, por lo tanto ningún creador…

-= pero tu dices que hay un origen del universo.

+= sí.

-= ahí está te atrape en una mentira.

+= este universo no es existencia, es una infinita pequeña parte de la existencia.

-= ahora estas hablando sin sentido, de nuevo ¿Cómo fue el universo creado? ¿Milagrosamente?

+= este universo, en un evento espontáneo inevitablemente dentro de la eternidad de la existencia, cada evento puede, quieres y a sucedido, incluyendo este universo, existe un número infinito de universos, virtualmente no todos pueden albergar lo que llamas "vida"

-=así que la vida "simplemente sucedió" ¿Cierto?

+= en este universo, si.
+= la vida, como tu la llamas es una inevitable consecuencia de las propiedades físicas de este universo.

-= estas diciendo que solo fuimos al azar?

+= si, este universo es indiferente a lo que llamas vida.

 -= ¿Cómo es eso?

+= la vida en este y cada mundo puede ser destruida a cualquier hora, por una multitud de eventos al azar.

-= ¿Cómo?
+= lo que llamarías, Supernova, llamarada solar, impacto de un asteroide.

-= así que al universo no le importa si vivimos o morimos.

+= correcto

-= yo no creo eso ni por un segundo, somos más que al azar.

+= Cómo ya he dicho, no estás preparado para aceptarlo, las verdades de la existencia.

-= Entonces, si sólo fuimos al azar, entonces no hay ningún significado para el universo.

+= eso es correcto.

-= Entonces, si no sentido en el universo, ¿cuál es el punto de vivir?

+= hay significado.

-= te contradices de nuevo.

+= el significado vive en la mente.

-= No,no,no.
-= no puedes vivir una vida entera, no puedes vivir una vida en absoluto como la piensas, ese significado de algún modo está hecho.

+= tu especie conjurar significado, pero operan bajo las falsas creencias, el significado es un plan místico , no lo es.

-= Entonces ¿Qué es significado?

+= el significado es lo que haces.

-= adelante, dices que los humanos moriremos como especies, entonces dime ¿Cuándo empezará la guerra nuclear?

+= no es mi lugar para cambiar la historia
~= (inentendible)

-= así que ahora dime, ¿Cuándo empezará la guerra nuclear?
+= un poco más, medio siglo desde este punto en el tiempo .

-= ¿Por quien?

+= la guerra nuclear comenzará en este país.

-= de verdad, nosotros? Como?

+= un ser humano gobernará breve mente su país y será responsable de la destrucción de la mayoría de tu especie.

-= interesante, Entonces ahora está vivo?

+= si.

-= Entonces dime su nombre y lo mataremos.

+= no puedo, el nombre fue eliminado de nuestro registro histórico, no podemos permitir alterar la historia a través del asesinato.

-= por supuesto, supuesto solo dime lo que hace.

+= el debilitar a tu mecanismo democrático, apelando su especie, instintos más primitivos, miedo, tribalismo, dogma político y religioso, habrá condena internacional, en respuesta, el ordenará un ataque nuclear global.

-= entonces explotamos?

+= el intercambio inicial sólo termina unos pocos millones de vidas humanas.

-= sólo un millón de vidas?

+= es la radiación resultante que terminará la mayoría de tu tipo, mi especie es el resultado evolutivo.

-= entonces como detenemos esto?

+= protege tu democracia, el dogma político y religioso, protégelo del rechazo de hecho objetivo, en este punto del tiempo tu democracia es estable. Este no será el caso en medio siglo.

-= entonces si no dejamos que este lunático nos hunda, ¿estaremos bien?

+= No

-= pero dijiste que si lo deteníamos no seriamos destruidos.

+=Ahí hay otra amenaza.

-= y que sería?

(La entrevista se detuvo por hechos ocurridos en la sala y se continuo al día siguiente)

-= Declara tu estado u origen

+= Tierra.

-= ok. Ayer nos dijiste que viajaste y cito miles de años luz para llegar a nosotros.

+= si

-= dinos la verdad o… (inentendible)

+= es la verdad, yo soy de la tierra, de su futuro, viajar en el tiempo es viajar en el espacio, compensación de divergencia espacial.

-= asumo que los extraterrestres se tomaron nuestro futuro. ¿cierto?

+= No

-= entonces eres humano?

+= un descendiente evolutivo

 -= ok, asi que evolucionaste de nosotros.

+= si

-=y que estás haciendo aquí y ahora

+= Observando, desde que la evidencia fue destruida.

-= como?

+= Guerra nuclear, unos pocos sobrevivieron, nuestros ancestros.

-= ok, y que hay sobre concentrarnos en tu tiempo?

+=ustedes no son capaces de comprender o aceptar los descubrimientos de mi tiempo.

-= pruébame.

+= el origen del universo, la naturaleza de la llamada "vida" es conocida.

-= así que conoces el significado de la vida

+= No significado, Naturaleza.

-= cual es la diferencia?

+= Significado es algo que esta atribuido, Naturaleza es la realidad objetiva.

-= así que tú sabes cómo es creado el universo?

+= Si.

-= Así que has visto a Dios?

+= Nosotros evolucionamos una necesidad pasada de superstición, la necesidad de un dios y otros mitos.

-= Ok, ilumínanos.
-= que pasa cuando morimos?

+= la muerte es un constructo humano, no existe, ustedes experimentan y han experimentado cada instancia de la llamada "vida", tu, yo, el, somos instancias de la misma vida separados de lo que ustedes llaman "muerte"

-= entonces déjame entender esto correctamente, no existe la muerte y todos nosotros experimentamos la vida de otros.

+= En esencia, si.

-= ¿Ok, y como fue creado el universo y porque esta tan perfectamente para nosotros?

 += Existe un numero infinito de universos, cada uno con diferentes propiedades físicas, virtualmente no todos pueden albergar lo que llaman vida tal y como la conocen, existimos en un universo que sustenta la así llamada "vida" eso es todo.

-= Prosigamos.
-= ¿Entonces porque nos destruimos a nosotros mismos, con una guerra nuclear?

+= Dogma.

-= puedes ser más específico por favor.

+= Dogma político y religioso, es la raíz de todos los conflictos mayores en tu especie.
+= en su próximo siglo acceden a armamento de destrucción masiva, por parte de estados que están regidos por dogma, los que destruirán tu especie.

-= Ok, una última cosa.
-= Que hay sobre moral? ¿En qué basas tu moral?

+= Compasión y evidencia.

-= Ya veo.
-= Ok, eso es todo, Gracias.

(Inentendible)

Capítulo 7:
Sacando conclusiones.

Y…. Que le pareció esta entrevista, algo confusa, inexplicable, o incluso algo "tonta", no se preocupe a mí también me paso e intentare explicarle.

¿Qué tiene que ver esto con el proyecto Abigail?

En la parte del proyecto Abigail dice que Abigail estaba siendo sometida a diversos procedimientos los cuales inducían exponer el cuerpo a "altos niveles de radiación" y luego dice que Abigail estaba pasando por un proceso de "metamorfosis" lo que significa "transformación" el cambio de un estado a otro, Abigail se transformo gracias a la cantidad de radiación y otros procedimientos a los que fue sometida, al igual que los extraterrestre, como dice en la parte de la entrevista qué dice Qué son un resultado evolutivo de los humanos Esto gracias a una explosión nuclear, o 1 guerra nuclear, a Cómo puedo entender Abigail y los extraterrestres pasaron un proceso de metamorfosis Qué significa transformación el cambio de un estado a otro los extraterrestres son evolución de los humanos que pasaron un proceso de metamorfosis gracias a la alta cantidad de radiación que tuvo la bomba nuclear.

Es muy interesante saber que se habla sobre una guerra nuclear qué sucederá a un futuro él dice Qué es un poco más de medio siglo teniendo en cuenta que la entrevista fue hecha un 9 de junio de 1964 al día de hoy (2020) ya tenemos 56 años es decir ya tenemos más de medio siglo Desde esa fecha tal vez todavía falta más tiempo pero tomando en cuenta la situación que estamos pasando en este año 2020 puede ser que sea muy pronto.

Recientemente en un programa llamado alienígenas ancestrales el cual se presenta en History Channel salió algo que me dejó impactada con esto que acaba de mencionar que los extraterrestres son el resultado evolutivo de los humanos por la radiación Y decía que el 27 de septiembre del año 2010 una nave alienígena se detuvo sobre una instalación nuclear y la nave tomó el control, tomo el control de la instalación nuclear.
En un momento la instalación nuclear lanzaría 10 misiles nucleares y como los "ovnis" tenían el control de la instalación apagaron los 10 misiles.
Esto que significa? ¿Acaso quieren que el suceso en el que evolucionaron no suceda? ¿Les importa nuestro futuro?

Pero si esto es así porque en Ucrania no hicieron lo mismo sino que hicieron lo contrario las encendieron en 1982

Y si estos fueron responsables del accidente de Chernobyl 4 años después?
Y si los que no pudieron escapar de Chernobyl sobrevivieron pasaron un proceso de metamorfosis y los avistamientos de los turistas que han visitado este lugar son "ovnis"
¿Estamos viviendo con estos seres ahora?

Capitulo 8:

¿De dónde son estos seres?

" los agujeros negros son considerados los puertas al infierno del universo, todo lo que cae dentro de ellos desaparece para siempre.

¿ Pero a dónde? ¿ Qué hay más allá de un agujero negro? ¿ el tiempo y el espacio también desaparecen con las cosas? O ¿ el tiempo y el espacio están conectados de modo tal que forman parte de un ciclo eterno? ¿ Y si todo lo que viene del pasado estuviera influenciado por el futuro?"

Recuerda usted la frase que le puse al principio del capítulo 6 que en una parte decía lo siguiente:

"se estima que por cada grano de arena en la tierra, hay otros planetas similares capaces de sustentar vida así que… ¿de verdad podemos estar solos?"

Interesante no?
Imágenes de esa cantidad cada grano de arena en la tierra entera ¿se podrá contar a caso? ¡No!, es incontable.
Entonces, como pueden haber otros planetas similares capaces de sustentar vida.

OK, puede ser qué en cada galaxia puede haber otro planeta otros planetas similares a la tierra capaces de sustentar vida.
Y usted debe de preguntarse ¿si son de la tierra Porque no habitan en la tierra?
Una pregunta muy interesante.
Pues mi teoría es que gracias a la contaminación ambiental y a la explosión de la bomba nuclear tuvieron que hubiera otro planeta para no morir ya que un ser humano no puede vivir en un ambiente tóxico como una vez lo dijo estephen Hawking:
" un día la contaminación ambiental será tan grave que el ser humano no podrá vivir en la tierra"
 Si no por que cree que la Nasa está buscando la manera de ver si marte es habitable.

Cuando era más pequeña creía que los extraterrestres venían de los agujeros negros.
¿ cómo es posible esto si nada sale de un agujero negro?
Mi cabeza antes de pensar algo lo primero que hacía es pensar eso, ese ¿Cómo es posible?

Primer investigaba un agujero negro y después decía: es posible por…

Todos los niños tienen una manera diferente de maquinar sus preguntas.
Unos piensan antes de actuar, otros actúan y después piensan y otros actúan pensando.
¿Cómo? No lo se

Parte de mí sigue creyendo que los ovnis vienen de los agujeros negros gracias a las investigaciones que hacía de pequeña.
¿Cómo?

Voy a empezar con lo más importante
¿Que son, como se crearon los agujeros negros?

Me parecía súper interesante y aún me parece muy interesante saber el que son y porque nada puede escapar de ahí poseen tanta fuerza de gravedad que ni la luz puede escapar. Hasta el día de hoy ya se han descubierto 20 agujeros negros. Se estima que en el centro de cada galaxia hay un agujero muy grande.

¿Qué son los agujeros negros?

En la madrugada del 14 de septiembre del año 2015 se grabó un mensaje; decía más o menos así: Gloob, como cuando dejas caer una gota de agua al agua; un pequeño chirrido.
Pero ese chirrido es épico, Monumental.
La señal viajó más de mil millones de años luz para llegar a nosotros.

Comenzó muy lejos.
Y lo que nos dice eso que en algún lugar del Cosmos hace más de 1000 millones de años, dos agujeros negros circunvalaron en un encuentro fatal.
Se acercaron cada vez más y giraron cada vez más rápido, hasta que se unieron.
Los agujeros negros crearon ondas salientes, como las vibraciones de un tambor, consolidó en el tejido del espacio.
La colisión creó una explosión masiva que provocó 50 veces más energía que todo el universo visible.
Expulsó una onda, no se calor ni de luz, ni de sonido, si no de gravedad.
Esta onda de gravedad se mueve por el universo a velocidad de la luz.
La onda pasa junto a las estrellas.
El la joven Tierra se crean súper continentes.
Aparecen los organismos microscópicos y limpia galaxia tras galaxia.
Los dinosaurios deambularon por la Tierra y la onda sigue moviéndose.
Pasas un bando a través de las nubes de polvo y luego se acerca a la galaxia de la vía láctea.
Recién comienza la glaciación.
Somos trogloditas, pintamos Cuevas.
La onda llega a las estrellas cercanas.
Albert Einstein está en sexto grado.
La onda se acerca a Alfa centauri
En la medianoche del 13 de septiembre 2015 se acerca a Saturno.
Después de más de 1000 millones de años de que colisionan los agujeros, la onda llega a nosotros.
Es detectada por un par de observatorios revolucionarios los sitios del osado experimento.

La mayoría a oído hablar de los agujeros negros.
Son invisibles, poderosos.

Hablamos de cosas que tienen mil millones de veces la masa del sol.
Extraños.
Una entidad física con densidad infinita.
No tienen principio ni final.
Atraen cosas, y curva la luz.
Si te acercas a uno el tiempo comienza a cambiar.
La gravedad es tan intensa que un reloj iría más lento, el tiempo se volvería tan lento para ti, que verías todo el fruto del universo desarrollarse ante tus ojos.
Si te caes dentro, te apretara hasta hacerte fino como un fideo.
Te expulsara a través del tejido espacio-temporal, como sale la pasta del tubo dental.

Si los agujeros negros son gravedad, gravedad al extremo;
Entonces, ¿Qué es la gravedad?

Por mucho tiempo la gravedad fue uno de los más grandes misterios.

Hace más de 300 años, Isaac Newton estaba fascinado con los objetos en movimiento. Finalmente descifró las leyes del movimiento.
Funcionan también que hoy en día seguimos usándolas.
Pero a las leyes de Newton sólo describen los efectos de la gravedad, no explican que es.
Y aquí es donde entra Albert Einstein, al igual que, pensaba en los objetos en movimiento, y se preguntaba qué era la gravedad.
¿Es una fuerza? ¿O podría ser otra cosa?
Esto era lo que le interesaba Einstein.

Por ejemplo, una manzana.
No puedo moverla sin tocarla.
Pero sí dejó caer la manzana se mueven hacia la tierra.
Pero qué pasa si no hay piso ni nada debajo de él.
¿Entonces qué pasa?
La manzana sigue cayendo.
Einstein entendió que la gravedad tenía que ver con la caída.

Ahora, si lanzo la manzana, cae a través de una curva.
Pero imagina que puedo hacer que la manzana se mueva mucho más rápido.
Finalmente, si logro que la manzana se mueva muy rápido, como a 27000km/h, su recorrido en curva seria igual a la curva de la tierra.
La manzana está en órbita, cae libre mente, como la Estación Espacial Internacional (EEI) y los astronautas dentro de ella.

Según Einstein y la manzana y la EEI y los astronautas, caen libremente por un camino curvo en el espacio. ¿Y que hace que ese camino sea curvo? La masa de la tierra.

A Einstein se le ocurrió un concepto sumamente simple, y es que, al espacio y al tiempo, lo curvan la tierra, el sol y todos los objetos del mundo.

Según Einstein, la masa de cada objeto provoca que el espacio a su alrededor se curve y esa era la idea de Einstein. Ya no hay fuerzas, solo hay objetos que se curvan en el espacio-tiempo y otros objetos que siguen la línea más recta a través de él, todos los objetos en movimiento siguen las curvas en el espacio. ¿Entonces cómo puede la tierra mover la manzana sin tocarla?

La tierra curva el espacio y las manzanas caen libremente por esas curvas.

Esto según la teoría de la relatividad general de Einstein, entonces que es la gravedad: espacio curvo.

Y entender así la gravedad que un objeto hace que el espacio a su alrededor se curve, nos lleva directamente a los agujeros negros.

Algunos empezaron a preguntar si un agujero negro viene de una estrella.
Pero no de cualquier estrella, tendría que ser grande.

Las estrellas nacen en camadas, y obtienes una variedad de tamaños y masas, miles de estrellas pequeñas y otras grandes, estrellas realmente grandes, increíblemente gigantes.

Las estrellas son similares a los seres vivientes en muchos modos. Como los humanos, tienen ciclos de vida.

Al investigar los ciclos de vida de las estrellas, en 1930 dos visionarios, Subrahmanyan Chandrasekhar y Robert Oppenheimer, descubrieron que las estrellas mas grandes terminan su ciclo de vida de una manera muy diferente a la de las pequeñas. El ciclo de vida de una estrella depende de su masa.

La masa de una estrella determina lo que sucederá luego de que termine de quemar su combustible de hidrogeno.

Todas las estrellas comienzan quemando hidrogeno, el átomo mas ligero, fusionan átomos de hidrogeno para hacer helio, y siguen hasta llegar a elementos más pesados.

La gravedad quiere aplastar toda la masa de la estrella, pero la enorme energía que libera la fusión, empuja hacia afuera y evita que la estrella colapse.

Las estrellas son estables porque tienen una presión que se mueve hacia afuera por la fusión nuclear y eso se equilibra con la fuerza de gravedad hacia adentro.

Las estrellas pequeñas no pueden fusionar elementos más pesados que el helio, pero las estrellas mas gigantes se fusionan atomos mas pesados hasta llegar a el hierro.

El hierro es un elemento gigante, tiene tantos protones en el que cuando fusionas hierro , ya no obtienes energia saliente.

El hierro es la muerte para las estrella.

Fusionar atomos mas grandes que el hierro no libera suficiente energia para
mantener a la estrella, y sin la energia necesaria de la fusion para que la estrella
siga inflada, no hay con que luchar contra la gravedad, y la gravedad gana.
Asi que toda la estrella colapsa.
Rapidamente caen billones de toneladas de material, chocan contra el nucleo
denso, rebotan hacia afuera y vuelan las capas externas de la estrella en una
explosión masiva, una *SUPER NOVA*.
Cuanto mas masa mas gravedad.
Si el nucleo restante es lo suficiente masivo la gravedad se vuelve imparable.
No hay fuerza conocida que prevenga el colapso a un punto infinitesimal.
La gravedad aplasta el núcleo estelar y lo hace cada vez más pequeño, hasta que
toda su masa se compriman un punto infinitamente pequeño, un *agujero negro*.

Tal vez por ese motivo consejo creyendo que los extraterrestres viven o están en
los agujeros negros, ya que es el único lugar donde ser humano puede escapar y
se hubiera lo que hay dentro no sobreviviría para contarlo.
Ahora usted podrá decir, ¿ si un humano no puede escapar cómo puede un
extraterrestre escapar?
Tal vez su tecnología les puedo ayudar y tengan una vez que tenga más fuerza
que la propia gravedad, tal vez lo veamos imposible pero no sabemos lo que nos
guarde el futuro, ya que se supone que sos eres súper inteligente tal vez por eso
le temía tanto a estos seres por su inteligencia artificial como lo dijo una vez
stephen hawking.
“ la creación de inteligencia artificial augura fin de la raza humana.”
Bueno está es mi manera de máquinar este tipo de pregunta y entender así el
porque pienso aún en que los extraterrestres puedan venir de los agujeros negros

Capitulo 9:

El proyecto libro azul.

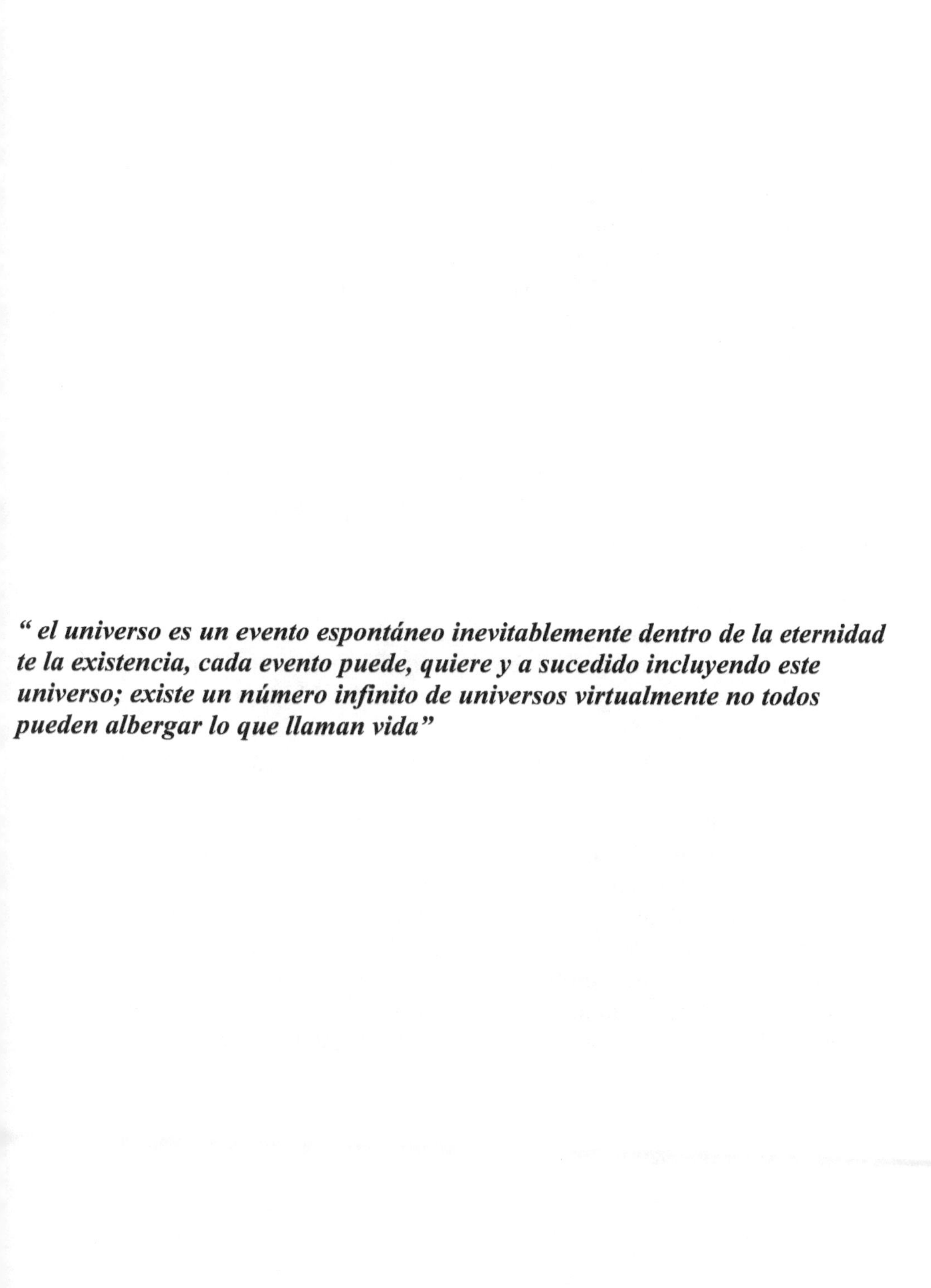

" el universo es un evento espontáneo inevitablemente dentro de la eternidad
te la existencia, cada evento puede, quiere y a sucedido incluyendo este
universo; existe un número infinito de universos virtualmente no todos
pueden albergar lo que llaman vida"

¿ qué es el proyecto libro azul?

En el año 1952 se creó el proyecto libro azul con el fin de descubrir que eran los ovnis (objetos voladores no identificados) y así se hizo.
El proyecto estaba a cargo de
Hice llevaba un orden de todos avistamientos de los personas se produjo una planta estándar y tenía un gráfico para que las personas calcular el ángulo de elevación y así ver si coincidian unos con otros.
Lamentablemente en el año 1969 el proyecto libro azul fue clausurado al menos eso fue lo que se dijo
Pero…¿eso es realmente cierto?
Para muchos o muchos creen que el proyecto no fue clausurado sino que se le hizo creer al público que si ya que el gobierno había descubierto algo y no quisieron decir nada sino mantenerlo en secreto y que no se hablará nada de ello para así ocultarlo del público.
¿pero porqué?
¿qué habían descubierto?
Ya caer donde viene toda la parte interrogante y es que hace unos años sujeto volador no identificado apareció sobre los ángeles, armas anti aéreas dispararon al objeto porque creían qué china estaba invadiendo, 1450 armas fueron disparadas.
¿pero que era ese objeto?
¿ porque se había detenido sobre los ángeles?
¿cuál era su objetivo?
Y al igual que en el incidente roswell se ocultó todo y se dijo que eran solamente restos de un globo meteorológico.
El gobierno está ocultando las muestras, el proyecto produjo 12678 avistamientos de los cuales 761 eran no identificados, el resto de los avistamientos eran aviones, globos meteorológicos, etcétera.
El nombre de "platillos voladores" surgió por la primera descripción que hizo un piloto en 1947 tras ver objetos no identificados que volaban.

El proyecto libro azul tenia una misión importante:

Los orígenes de este ambicioso proyecto se remontan a junio de 1947, le dice el ufólogo Alejandro Rojas a la BBC.
El editor de la revista *Open Minds* dice que el muy respetado hombre de negocios y piloto Kenneth Arnold, estaba volando sobre el estado de Washington cuando vio varios objetos voladores no identificados.
Arnold describió luego el evento como "platillos que saltaban", así que los medios empezaron a llamarlos "platillos voladores".
Este incidente de alto perfil, junto con varios otros, incluyendo un aterrizaje de un supuesto ovni en Roswell, Nuevo México, el mismo año, llevó a la Fuerza Aérea a crear un organismo de investigación.
Llamado Proyecto Libro Azul, el programa incluía tan sólo un punado de personas.
Sin embargo, el grupo investigó 12.618 avistamientos de ovnis en un período de dos décadas.
Su sede estaba en la base de la Fuerza Aérea Wright-Patterson en Ohio

El proyecto fue creado en un momento de incertidumbre pública:

Fundado después de la Segunda Guerra Mundial, el proyecto tenía la intención de detener la propagación de inquietud pública sobre un número creciente de avistamientos de ovnis reportados, incluyendo algunos sobre la Casa Blanca o el Capitolio de Estados Unidos.
"Había mucha histeria entre el público y en esa época eso era una amenaza para los militares y el gobierno", dice Greenewald.
"No importaba si los ovnis eran extraterrestres o no, estaban causando pánico, así que (el gobierno) tenía que calmar los nervios de todo el mundo.
Aunque hoy el tema de los ovnis es fuente de frecuentes bromas, en los 40 y 50 eran tema de discusión en los niveles superiores del gobierno estadounidense.
"Se tomaba muy en serio en ese entonces", explica Rojas, "con los jefes de la Agencia Central de Inteligencia (CIA), afirmando públicamente que era un fenómeno real e incluso entonces congresista Gerard Ford decía que debían ser investigadas.
En 1966 un comité independiente de la Fuerza Aérea fue creado para profundizar alguno de los casos del Proyecto Libro Azul.
Ese grupo publicó tiempo después una reporte en el que aseguraba que no había evidencia de que hubiera alguna actividad de ovnis.

El proyecto fue cerrado oficialmente en 1969.

La historia del Proyecto del Libro Azul es uno de esos planes. Creado por la Fuerza Aérea de los Estados Unidos en 1947 —en el mismo año que Roswell—, el proyecto se conformó por un grupo reducido de investigadores que seguían cualquier pista de extraterrestres en el país. Desarrollado a la par que la ufología, una pseudociencia que rápidamente ganó adeptos que suelen recorrer el mundo investigando casos relevantes que involucren extraterrestres.

La popularidad de la ufología, así como el reporte de los avistamientos ovni sin duda se vieron marcados por lo que algunos podrían describir como histeria colectiva, que se originaba en el sospechosismo creado tras Roswell y la famosa <u>área 51</u>, así como desde la cercanía de un episodio tan cruento como lo fue la Segunda Guerra Mundial. El nacimiento del Proyecto del Libro Azul sólo puede explicarse como una medida para investigar y calmar tal histeria.

Aunque el proyecto se trató con la mayor seriedad, en 1969 terminó sus operaciones a pesar de contar con casos abiertos que no podían explicarse. No obstante, esto no ha detenido a personas como Greenwald y otros a seguir presionando para que los documentos del proyecto sean desclasificados y liberados al público. El objetivo general de tales aficionados suele ser encontrar pruebas de una invasión o visita extraterrestre, así como probar sus teorías de conspiración que involucran el encubrimiento por parte del gobierno para mantener a la población ignorante.

Exista un encubrimiento o no, lo cierto es que este tipo de proyectos siguen despertando el interés de cientos de personas, a tal grado que se han creado series de televisión en torno a tales temas. Sin embargo, más allá de la ficción, la vida extraterrestre sigue siendo un misterio que seduce la imaginación y la búsqueda de la verdad de más de uno.

Pero…. A pesar de saber tanto, al mismo tiempo se sabe poco, porque lo que en realidad nos guarda el destino nunca lo llegaremos a saber, siempre hay algo que aprender, y siempre hay algo de lo que se aprende pero…. ¿Llegaremos a verlo en realidad?